Texto e ilustraciones © 2016 por Free to Love, LLC.
Todos los derechos reservados. Derechos internacionales registrados.
Publicado 2016 por B&H Publishing Group
Nashville, Tennessee 37234

Publicado originalmente con el título
Firebird (ISBN: 978-1-4336-8467-8)
Copyright © 2012 por B&H Publishing Group.

Traducido por Gabriela De Francesco de Colacilli
ISBN: 978-1-4336-8979-6
Clasificación decimal Dewey: 231.6
Clasifíquese: DIOS-FICCIÓN/AMOR-FICCIÓN/
AVES-FICCIÓN
Impreso en LongGang District, Shenzhen, China
I 2 3 4 5 6 7 • I9 I8 I7 I6

Text and illustrations © 2016 Free to Love, LLC.
All rights reserved.
Published in 2016 by B&H Publishing Group,
Nashville, Tennessee 37234

Published originally in English under the title
Firebird (ISBN: 978-1-4336-8467-8)
Copyright © 2012 B&H Publishing Group

Translated by Gabriela De Francesco de Colacilli
ISBN: 978-1-4336-8979-6
Dewey Decimal Classification: 231.6
Subject Heading: GOD—FICTION/LOVE—FICTION/
BIRDS—FICTION
Printed in LongGang District, Shenzhen, China
I 2 3 4 5 6 7 • I9 I8 I7 I6

Dedicado a todos aquellos que sirven a niños en situaciones de riesgo, por mostrarles el sol a través de las tormentas.

Dedicated to all of those serving at-risk children, for showing them sunshine through the storms.

Aveluz

El secreto de las nubes

Firebird

He lived for the sunshine

Historia de
Brent McCorkle
y Amy Parker

Ilustraciones de
Rob Corley
y Chuck Vollmer

B&H
NIÑOS

Nashville, Tennessee

Había una vez,
un pajarito bebé...

Once upon a time, there lived a little baby oriole . . .

. . . que se llamaba **Aveluz**. Su mamá le puso ese nombre porque tenía unas plumas naranjas brillantes y preciosas.

. . . named **Firebird**. His mama named him that on account of his brilliantly beautiful orange feathers.

A **A**veluz le *encantaba* el sol. En los cálidos días soleados, volaba y volaba más arriba, hasta la rama más alta de todas, echaba la cabecita hacia atrás y disfrutaba de la luz y los rayos calentitos del sol.

Firebird just *lived* for the sunshine. On those glorious sunny days, he would fly way up high, to the highest branch he could find, throw back his little head, and bask in the glow of the sun.

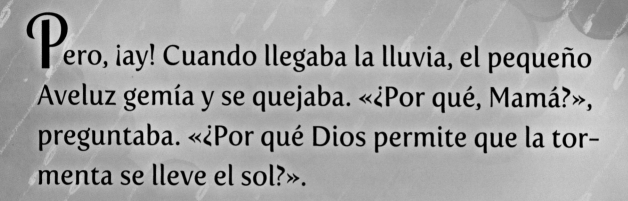

Pero, ¡ay! Cuando llegaba la lluvia, el pequeño Aveluz gemía y se quejaba. «¿Por qué, Mamá?», preguntaba. «¿Por qué Dios permite que la tormenta se lleve el sol?».

But, oh, when the rains came, little Firebird would whine and complain. "Why, Mama?" he'd ask. "Why does God let the storm take the sun away?"

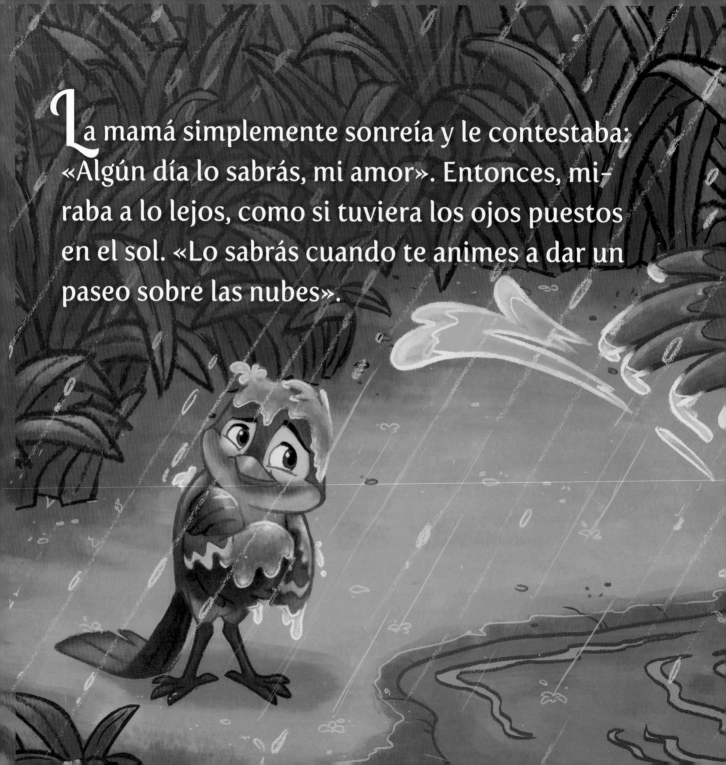

La mamá simplemente sonreía y le contestaba: «Algún día lo sabrás, mi amor». Entonces, miraba a lo lejos, como si tuviera los ojos puestos en el sol. «Lo sabrás cuando te animes a dar un paseo sobre las nubes».

Mama would just smile and say, "You'll know someday, baby." Then she'd get that faraway look, as if she were looking straight up to the sun. "You'll know, when you take a walk on the clouds."

Y así, una y otra vez la lluvia caía, y una y otra vez, Aveluz se quejaba con su mamá.

Now, over and over again the rains would come, and over and over again Firebird would complain to his mama.

Hasta que un día, se desató una tormenta muy intensa, y la respuesta de Mamá fue diferente.

Until one day, a huge storm rolled in, and Mama had a different answer.

Aveluz —le dijo su mamá señalando las nubes—, las respuestas te esperan allí arriba. Pero tendrás que volar hasta ahí y encontrarlas solito.

"Firebird," Mama said with a nod toward the clouds, "the answers are up there waitin' for you. But you're gonna have to fly on up there and see it for yourself."

El pequeño Aveluz estaba asustadísimo. ¡Todavía no había usado demasiado sus alitas! Y ahora, temblaba al ver las nubes de tormenta que lo cubrían. Sin embargo, necesitaba averiguar lo que pasaba allá arriba. Tenía que saber por qué Dios permitía que el sol desapareciera detrás de la tormenta. Así que subió, subió y subió, metiéndose en lo desconocido.

Little Firebird was so scared. He hadn't used his wings much at all! And now they trembled at the sight of the storm clouds above. Still, he just had to find out for himself. He had to know why God let the storm take the sun away. So up, up, up he went, up into the great unknown.

Pero en lugar de respuestas, el pobre Aveluz solo encontró truenos, relámpagos y un viento recio que aullaba feroz. ¡Tenía miedo de que la tormenta lo hiciera pedazos! Estaba a punto de regresar, cuando sucedió.

But instead of answers, poor little Firebird only found thunder, lightning, and a fierce howling wind. He feared it would rip him apart! He was just about to turn back, when it happened.

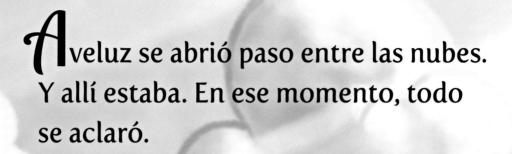

Aveluz se abrió paso entre las nubes.
Y allí estaba. En ese momento, todo
se aclaró.

Firebird broke through the clouds.
And there it was. In that one moment,
it all became clear.

Completamente solo, en medio de la tormenta más oscura, Aveluz vio el sol que brillaba con más fuerza que nunca. Y entonces lo supo: Dios nunca permite que la tormenta se lleve el sol.

El sol era tan constante como el amor de su mamá, y estaba esperándolo allí, apenas por encima de las nubes.

All alone, in the midst of the darkest storm, Firebird saw the sun, shining more brightly than ever. And then he knew: God never let the storm take the sun away. It was as constant as his mother's love, waiting there, just above the clouds.

El pequeño Aveluz nunca olvidó aquel momento (incluso cuando ya era un pájaro adulto).

Little Firebird never forgot that moment (even after he was a big Firebird).

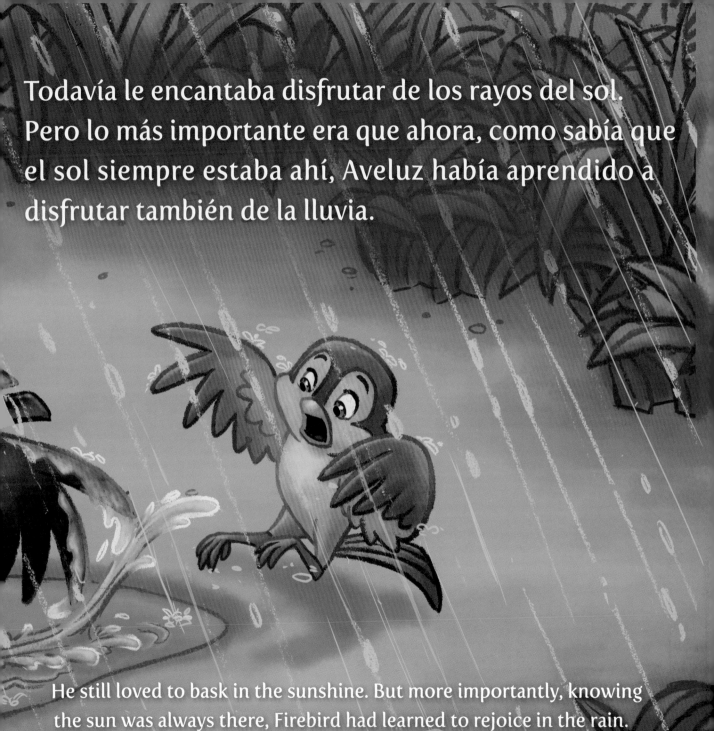

Todavía le encantaba disfrutar de los rayos del sol.
Pero lo más importante era que ahora, como sabía que
el sol siempre estaba ahí, Aveluz había aprendido a
disfrutar también de la lluvia.

He still loved to bask in the sunshine. But more importantly, knowing
the sun was always there, Firebird had learned to rejoice in the rain.